108 citations
d'Amma
sur la Nature

108 citations d'Amma sur la Nature

Publié par :
 M.A. Center
 P.O. Box 613
 San Ramon, CA 94583
 États-Unis

———————— 108 Quotes on Nature (French) ————————

En France :
 www.ammafrance.org

En Inde:
 inform@amritapuri.org
 www.amritapuri.org

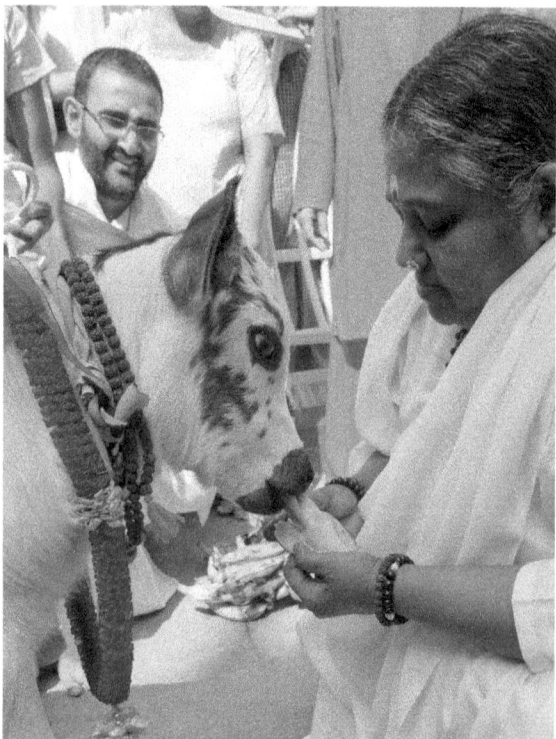

1

La Nature est la forme visible de Dieu que nous pouvons percevoir par les sens. C'est Dieu Lui-même que nous vénérons, en servant et aimant la Nature. Tâchons de faire renaître cette attitude.

2

Une seule vérité brille dans toute la création. Dieu est la conscience pure qui réside en toute chose. Les rivières, les montagnes, les plantes, les animaux, le soleil, la lune et les étoiles, vous et moi sommes tous des expressions de cette unique Réalité. C'est en intégrant cette vérité dans notre vie qu'il est possible d'approfondir sa compréhension et de découvrir la beauté inhérente à la diversité.

3

Notre vraie nature est pareille au ciel, non aux nuages. Elle est pareille à l'océan, non aux vagues. Nuages et vagues apparaissent, disparaissent. Le ciel et l'océan demeurent.

4

La Nature est une part indispensable de la vie sur terre. Tout ce qui vit dépend de la Nature. Nous ne sommes pas différents d'elle, nous en faisons partie et notre relation avec elle est interdépendante. Notre vie dépend du bien-être de l'ensemble. Par conséquent, prendre soin avec amour de tous les êtres vivants est l'un de nos devoirs essentiels.

5

Voyez avec quelle facilité la Nature surmonte les obstacles. Si une minuscule fourmi rencontre une pierre sur son chemin, elle la contourne et continue sa route, voilà tout. Si un rocher gêne la croissance d'un arbre, celui-ci se contente de pousser à côté. De même, une rivière coule en contournant le tronc qui bloque son cours. Apprenons ainsi à nous adapter à toutes les circonstances que la vie nous présente et à y faire face avec patience et enthousiasme.

6

Lorsque nous trouvons l'harmonie intérieure, elle bénéficie à la Nature et se reflète
dans l'ensemble de la création. Si notre
mental n'est pas en harmonie, la Nature
ne le sera pas non plus. Ainsi, dans de
nombreux endroits du monde, aujourd'hui,
soit il pleut en excès, soit on manque d'eau ;
c'est notre propre manque d'harmonie qui
se reflète dans la Nature. Si l'esprit humain
est en harmonie, la Nature le sera aussi
spontanément. C'est la concentration qui
induit l'harmonie.

7

Dans une parfaite relation entre l'homme et la Nature, il se crée un champ d'énergie circulaire dans lequel l'un et l'autre entrent en communion. En d'autres termes, si nous, les êtres humains, tombons amoureux de la Nature, elle tombera amoureuse de nous. Elle cessera de nous cacher ses secrets. Elle ouvrira le coffre de ses richesses infinies et nous laissera en profiter. Comme une mère, elle nous protègera et nous nourrira.

8

La Nature est notre première mère. Elle nous nourrit tout au long de notre vie. Notre mère biologique nous prend peut-être sur ses genoux pendant quelques années, mais, c'est toute notre vie que Mère Nature, avec patience, supporte notre poids. Elle nous chante des berceuses, nous nourrit et nous caresse. Comme les enfants ont des devoirs envers leur mère biologique, soyons tous conscients de nos obligations et de nos responsabilités envers Mère Nature car les oublier, c'est oublier notre être même.

9

Exprimer de la gratitude envers notre Mère, la Terre, qui nous laisse patiemment courir, sauter et jouer sur ses genoux, être reconnaissant aux oiseaux qui chantent, aux fleurs qui s'épanouissent, aux arbres qui offrent de l'ombre et aux rivières qui coulent, tout cela ne devrait-il pas aller de soi ?

10

L'innocence innée en tout être humain est un facteur qui nous relie à la Nature.

Devant un arc-en-ciel, devant les vagues de la mer, éprouvons-nous encore la joie innocente de l'enfant ? Les beautés de la Nature sont toutes des expressions uniques du Divin ; regardez-les avec cette conscience.

11

Il n'y a pas d'erreur dans la création divine. Chaque créature, chaque objet créé par Dieu est absolument unique.

12

La Nature entière est un miracle prodigieux. Le petit oiseau qui vole dans l'immensité du ciel, le minuscule poisson qui nage dans les profondeurs de l'océan, ne sont-ils pas des miracles ?

13

Il y a des choses de la vie qui éveillent spontanément l'enthousiasme et la fraîcheur dès qu'on y pense, comme la mer par exemple. Peu importe combien de fois nous la regardons, nous ne nous en lassons jamais. Il y a en elle quelque chose de l'infini. Il en est de même pour le ciel. Le lien qui nous unit à la Nature est de ce type, sa fraîcheur est éternelle.

14

Tout est rempli de conscience. Celle-ci soutient le monde et toutes ses créatures. La religion conseille de tout vénérer- de voir Dieu en chaque chose et en chacun. Une telle attitude nous apprend à aimer la Nature. Voyez ses miracles : la Nature a donné aux chameaux une bosse spéciale pour faire des réserves d'eau. Le kangourou a une poche pour porter son petit et l'emmener partout avec lui. Même les créatures et les plantes les plus insignifiantes ou en apparence nuisibles ont un rôle bien particulier. Les araignées préservent l'équilibre de la population des insectes et les serpents celle des rongeurs. Même le minuscule plancton unicellulaire de l'océan sert de nourriture aux baleines. Tout ce qui existe a son propre rôle à jouer.

15

Tout, dans l'univers, a un rythme. Le vent, la pluie, les vagues, le flux de notre respiration et le battement de notre cœur, tout a son propre rythme et la vie, elle aussi, a le sien. Ce sont nos pensées et nos actes qui créent le rythme et la mélodie. Lorsque nous perdons le rythme dans nos pensées, cela se reflète dans nos actions, et c'est le rythme même de la vie qui finit par se dérégler. C'est ce que nous voyons aujourd'hui se produire tout autour de nous.

16

La vie est remplie de la lumière de Dieu mais seul l'optimisme nous permet d'en faire l'expérience. Voyez l'optimisme de la Nature : rien ne l'arrête. Le moindre aspect de la Nature apporte inlassablement sa contribution à la vie. Un petit oiseau, un animal, un arbre ou une fleur y participent de tout leur être. Quelles que soient les difficultés, ils persévèrent de tout leur cœur.

17

Appréciez la beauté de la Nature avec la conscience qu'il s'agit de l'expression du Divin.

18

Les étoiles scintillent dans le ciel, les rivières coulent dans la béatitude, les branches des arbres dansent dans le vent, et les oiseaux chantent à tue-tête. Demandez-vous : « Pourquoi suis-je malheureux au milieu d'une célébration si joyeuse ? »

19

Les fleurs, les étoiles, les rivières, les arbres n'ont pas d'ego ; n'ayant pas d'ego, rien ne peut les blesser. Si vous n'avez pas d'ego, vous ne pouvez que vous réjouir. Même les évènements qui seraient normalement douloureux se transforment en moments de joie.

20

La Nature crée les circonstances favorables pour que la noix de coco devienne un cocotier et une graine un immense arbre fruitier. Elle offre de même à l'âme individuelle les circonstances adéquates pour atteindre l'Être suprême et s'y fondre, dans une union éternelle.

21

La Nature est un livre de classe dont nous devons apprendre les leçons. Chaque objet est comme une page de ce livre et a quelque chose à nous enseigner. Le renoncement et l'abnégation sont les plus grandes leçons que nous puissions apprendre de la Nature.

22

La Nature offre toute sa richesse aux êtres humains. Tout comme elle nous sert de bonne grâce, nous protège et nous aide, nous avons la responsabilité à notre tour de la servir avec dévouement et de l'aider. C'est la seule manière de préserver l'harmonie entre l'humanité et la Nature.

23

Si nous vivons en harmonie avec la Nature, dans l'amour et l'unité, nous aurons la force de surmonter n'importe quelle crise.

24

Les êtres humains peuvent apprendre beaucoup de la Nature. Regardez un pommier, il procure de l'ombre même à la personne qui le coupe. Il offre aussi ses délicieux fruits sucrés et ne garde rien pour lui. Son existence même est un don aux autres êtres vivants. Ainsi, chacun vient se baigner dans la rivière. Celle-ci lave la saleté de tous et n'attend rien en retour. Elle acccpte volontiers toutes les impuretés et donne en échange la pureté, sacrifiant tout pour les autres. Mes enfants, tout ce qui existe dans la Nature, sans exception, nous enseigne le don de soi.

25

Regardez le charme de la Nature, voyez ce cosmos extraordinaire, l'organisation harmonieuse de notre planète et de toutes les autres. L'ordre et la beauté qui imprègnent la création montrent clairement qu'un grand cœur et une grande intelligence sont à l'œuvre dans tout cela. Sans l'existence d'une intelligence cosmique, d'une Puissance universelle qui maîtrise tout, comment un ordre, une beauté d'une telle perfection pourraient-ils exister ?

26

La création n'est pas le fruit du hasard : le soleil, la lune, l'océan, les arbres, les fleurs, les montagnes et les vallées n'existent pas par hasard. Les planètes tournent autour du soleil sans jamais dévier ne serait-ce que d'un centimètre par rapport à l'orbite qui leur a été fixée. Les océans recouvrent de vastes étendues du globe, sans pour autant absorber la terre entière.

Si cette belle création était uniquement le fruit du hasard, elle ne serait pas si ordonnée, si systématique.

La volonté de l'Être suprême est à l'origine de tout : de la fleur qui s'épanouit, du gazouillis d'un oiseau, du mouvement du vent et des flammes du feu. C'est la force qui induit toute croissance, la puissance qui soutient toute chose. Cette volonté divine est la cause primordiale de la naissance, de la croissance et de la mort de tous les êtres vivants. Elle est la source de la création entière. La puissance de l'Être suprême soutient le monde. Sans cette puissance, celui-ci cesserait d'exister.

28

Les Écritures disent : « *Isavasyamidam sarvam* », tout est imprégné de conscience divine. La terre, les arbres, les plantes, les animaux sont tous autant de manifestations de Dieu. Puisqu'il en est ainsi, l'amour et la sollicitude envers la Nature sont pour nous une nécessité au même titre que l'amour et la sollicitude mutuels.

29

Lorsque, grâce à notre innocence innée, nous croyons à l'existence d'un Être suprême et sommes remplis de dévotion, nous percevons alors le Divin en tout : en chaque arbre, chaque animal, en tout aspect de la Nature.

Cette attitude nous permet de vivre en parfaite harmonie et en accord avec la Nature.

30

Si nous prions avec concentration, nous rétablirons l'harmonie perdue de la Nature. Même si personne ne les entend, Mère Nature enregistre chacune de nos prières sincères.

31

En vérité, le progrès et la prospérité de l'humanité dépendent uniquement des bonnes actions que l'homme accomplit en faveur de la Nature. C'est en créant un lien d'amour entre l'humanité et la Nature que nous assurons à la fois l'équilibre de la Nature et le progrès de l'humanité.

32

C'est un devoir urgent pour tous les êtres humains de contenter la Nature par des actions désintéressées, empreintes d'amour, de foi et de sincérité. Lorsque nous agirons ainsi, la Nature nous bénira en retour et nous accordera l'abondance.

33

Il n'est pas correct de gaspiller par manque de soin et de vigilance. Chaque objet a été créé dans une intention particulière ; tout objet de l'univers a une fonction bien définie.

34

L'humanité dépend de la Nature pour son existence même. En réalité, ce n'est pas nous qui protégeons la Nature mais c'est elle qui nous protège.

35

La Nature se sacrifie pour les êtres humains tandis que nous, non seulement nous l'exploitons mais nous la détruisons. Elle continue néanmoins à nous servir.

36

Jadis, il n'était pas vraiment nécessaire de préserver l'environnement car la protection de la Nature faisait partie intégrante de la vénération de Dieu et de la vie. Plus qu'ils ne se souvenaient de « Dieu », les gens avaient de l'amour pour la Nature et pour la société, et se mettaient à leur service. Ils voyaient le Créateur dans la création. Ils aimaient, vénéraient et protégeaient la Nature comme la forme visible de Dieu.

37

Notre Mère la Terre est à notre service : le soleil, la lune, les étoiles sont constamment à notre service. Qu'avons-nous à offrir en échange de ce service désintéressé ?

38

Avec le progrès scientifique, les villes et les grosses entreprises se développent en parallèle. Alors que la population des villes croît, la masse des déchets augmente aussi de manière exponentielle. Il nous faut donc découvrir des moyens scientifiques pour gérer correctement ces ordures. Sinon, notre environnement naturel va se dégrader et les maladies se répandre. Nous devons faire notre possible pour recycler, réutiliser les « déchets ». Mère Nature possède ses propres méthodes miraculeuses pour recycler et réutiliser les détritus et ainsi préserver la vie. Fixons-nous le but de créer un monde sans déchets.

39

Appliquons-nous à inculquer les valeurs aux enfants dès leur plus jeune âge. Apprenons-leur à s'aimer les uns les autres. Nous devrions mettre aux programmes des écoles et universités des cours sur l'amour, la compassion et sur la manière dont on peut mettre un terme à l'exploitation des opprimés. Nous réduirons ainsi les guerres et les conflits violents et, dans une certaine mesure, nous pourrons réaliser le rêve d'un monde en paix. Si l'amour réciproque grandit, la Nature en sera elle aussi pacifiée.

40

Regardez la beauté de la Nature. Vivre en harmonie avec la Nature apporte en soi bonheur et contentement.

41

La génération actuelle vit comme si elle n'avait aucun contact avec la Nature. Tout ce qui nous entoure est artificiel .Aujourd'hui, nous mangeons des fruits et des céréales qui ont poussé à l'aide d'engrais chimiques et de pesticides. Nous y ajoutons des conservateurs pour augmenter leur durée de conservation. C'est ainsi que, consciemment ou inconsciemment, nous avalons sans cesse du poison, ce qui provoque beaucoup de maladies nouvelles. Il y a bien longtemps, la durée de vie moyenne était de plus de 100 ans. Aujourd'hui, les gens ne vivent que 80 ans ou moins, et plus de 75 pour cent de la population souffre d'une maladie.

42

Pour augmenter les rendements, nous utilisons souvent engrais chimiques et pesticides. Poussés par cette avidité nous oublions d'aimer les plantes. On ne peut gonfler un ballon que dans la limite de sa capacité car si l'on va au-delà, il éclate. De même, la capacité de production d'une graine a ses limites. Si nous continuons à vouloir l'augmenter par des moyens artificiels, nous obtiendrons l'effet inverse : la force et la qualité de la graine diminueront et son produit nuira à ceux qui le consomment.

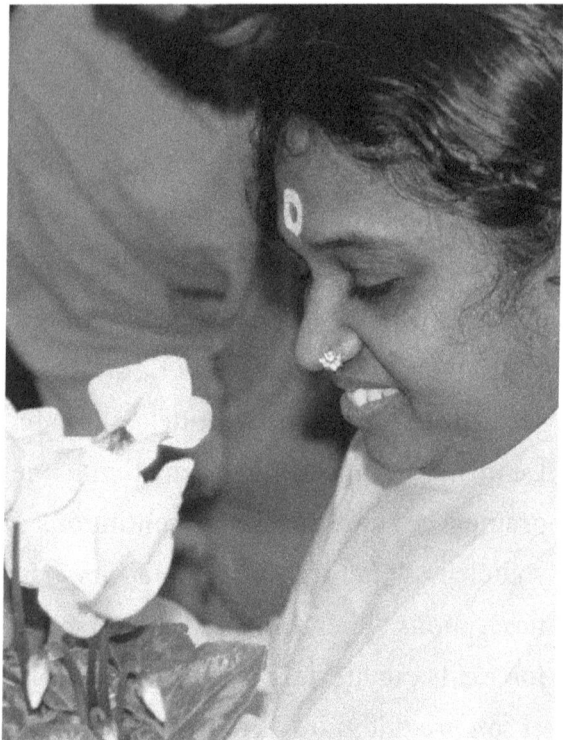

43

En causant du tort aux plantes, vous allongez la durée de leur karma. Votre égoïsme freine leur évolution vers des espèces vivantes plus développées et les empêche d'atteindre la libération ultime.

44

Les inventions scientifiques sont extrêmement bénéfiques mais elles ne devraient pas contrarier la marche de la Nature. La science a atteint des sommets inimaginables mais, malheureusement, nous avons perdu la capacité de percevoir la vérité de l'ensemble et d'agir avec discernement. Un scientifique devrait être un véritable amoureux : un amoureux de l'humanité, un amoureux de la création et de la vie.

45

À cause de notre égoïsme croissant, nous nous éloignons de la Nature et l'exploitons. Il est tout à fait acceptable d'utiliser la Nature pour satisfaire ses besoins mais quand on va au-delà, cela change la donne et devient de l'exploitation. Rappelons-nous que si nous prenons plus que ce dont nous avons besoin, nous détruisons inutilement la vie de cette plante ou de cet animal.

46

Voyez la beauté et la perfection de la Nature. La Nature est très joyeuse bien qu'elle n'ait pas l'intelligence des êtres humains. La durée de vie d'une fleur est très courte et pourtant, elle s'offre aux autres de tout son cœur. Elle offre son nectar aux abeilles et cela est source de bonheur.

47

Nous exploitons Mère Nature en dépit de tous les dons merveilleux et des faveurs qu'elle nous accorde. Et malgré cela, elle supporte tout et bénit l'humanité en lui accordant une richesse et une prospérité immenses.

48

Mue par l'amour de Dieu qui consume tout et par Sa compassion, la Nature ordonne et inspire à toutes les créatures de la terre la patience et la compassion envers les êtres humains, même si ces derniers ne leur rendent pas cet amour.

49

Éternels insatisfaits, les êtres humains, mus par l'avidité de faire et de posséder toujours plus, ont accompli toutes sortes d'actions criminelles qui polluent et exploitent Mère Nature. Aveuglés par leur égoïsme, ils ont oublié que c'est de Mère Nature qu'ils ont tout reçu, et que, sans elle, nous perdrons tout.

50

Selon le *Sanatana dharma*, la loi éternelle, la Nature n'est pas séparée des êtres humains. Voici un mantra que nous chantons tous les jours : « *Lokah Samastah Sukhino Bhavantu* » et qui signifie : « Que la paix et le bonheur règnent pour tous les êtres de tous les mondes ». Cela inclut la Nature entière, les règnes animaux et végétaux, et la création dans sa totalité. Voir l'unité dans la diversité, c'est ce que nous enseigne le Sanatana dharma et cela constitue l'essence de ce mantra.

51

La Nature est un immense jardin de fleurs. Les animaux, les oiseaux, les plantes et les êtres humains en sont les fleurs pleinement épanouies, multicolores. La beauté de ce jardin ne sera parfaite que lorsque de tous ces éléments vivront dans l'unité, et qu'il en émanera des vibrations d'amour et d'harmonie. Œuvrons ensemble pour éviter que ces fleurs variées ne se fanenl et préserver ainsi éternellement la beauté du jardin.

52

La science moderne nous dit que les arbres et les plantes sont sensibles aux pensées et aux actions des êtres humains. Les scientifiques ont créé des appareils capables de détecter et d'enregistrer la sensibilité des plantes et même, dans certains cas, d'en mesurer l'intensité. Ils ont observé que les plantes souffrent lorsque nos actions sont dépourvues d'amour et que nous manquons de compassion. Il y a très longtemps, les sages et les saints de l'Inde avaient compris cette grande vérité et vivaient dans une non-violence parfaite.

53

La Nature est une poule aux œufs d'or. Si nous croyons pouvoir nous approprier tous les œufs en tuant la poule, c'est l'humanité entière qui va disparaître. Pour notre propre survie et celle des générations à venir, cessons de polluer et d'exploiter la Nature.

54

Les êtres humains, avec leurs pensées et leurs actions égocentriques, ont pollué l'atmosphère. Celle-ci est pleine de fumées nocives et des gaz produits par les voitures, les bus et les usines. Mais le poison qui pollue le plus l'atmosphère, ce sont les pensées malveillantes et égoïstes des humains.

55

C'est seulement en aimant et en respectant la Nature que nous nous éveillerons spirituellement. Notre but est de sentir la vie en tout.

56

La Nature est un *kalpa-vrksha*, un arbre qui exauce tous les désirs et procure l'abondance à l'humanité. Mais aujourd'hui, notre situation est semblable à celle d'un idiot qui scie la branche sur laquelle il est assis.

57

Même si nous n'avons qu'un tout petit terrain, tâchons d'y faire pousser quelques légumes en utilisant de l'engrais naturel. Il faudrait consacrer du temps à nos plantes, leur parler, les embrasser et leur chanter des chansons. Cette relation nous apportera une vitalité nouvelle.

58

Tout le monde sait bien que les êtres humains ne peuvent vivre dans le désert. Si l'atmosphère ne s'assainit pas, la santé des hommes va se détériorer. Plantons beaucoup d'arbres et de plantes médicinales car ils ont la propriété de purifier l'air. On pourrait éviter de nombreuses maladies si l'on respirait un air qui a été en contact avec des plantes médicinales.

59

Selon certains, chaque fois que nous coupons un arbre, il faudrait en planter deux. Et quand bien même nous le ferions, cela ne serait pas équivalent pour autant car il y a une grande différence entre ce que peut apporter un arbre adulte et ce qu'apportent deux petits arbres. Si l'on verse dans l'eau moins de désinfectant que la quantité requise, son effet sera moindre. Si un médicament ayurvédique qui nécessite dix ingrédients n'est préparé qu'avec huit d'entre eux, le médicament n'aura pas l'effet désiré. De même, si deux petits arbustes remplacent un grand arbre, l'équilibre de la Nature ne sera pas respecté.

60

Il y a des milliers d'années, les saints et les sages de l'Inde, ayant plongé profondément dans leur propre conscience, ont proclamé que les plantes et les arbres éprouvent également des sentiments et peuvent même, dans une certaine mesure, les exprimer. Lorsque nous manifestons de l'amour et de la compassion envers les plantes et les arbres, nous pouvons apprendre à les écouter et à les comprendre.

Lorsque les sages de jadis nous prescrivaient de vénérer les arbres, ils enseignaient au monde qu'il est essentiel de préserver et de protéger la Nature. Parce qu'on a coupé des arbres inutilement, les pluies de la mousson ont réduit de beaucoup, les températures ont augmenté et les tendances climatiques ont changé dans le monde entier. Les arbres purifient l'atmosphère en absorbant le dioxyde de carbone que nous expirons. Ils contribuent grandement à l'harmonie de la Nature. Il est bénéfique de vénérer et de protéger, même mentalement, les arbres qui nous apportent tant.

62

Couper des arbres et cueillir des herbes médicinales de la forêt n'est pas une faute quand cela répond aux nécessités de la vie. Nous avons besoin d'une maison qui nous protège de la pluie et du soleil, c'est évident. Mais il n'est pas nécessaire de construire une maison pour faire étalage de nos richesses et de notre mode de vie luxueux. Couper des arbres pour construire une maison n'est pas adharmique (contraire à la loi divine) Une action le devient lorsqu'elle est effectuée sans discernement, sans conscience.

63

La menace qui plane aujourd'hui sur l'humanité n'est pas tant une troisième guerre mondiale que la perte de l'harmonie de la Nature et le fossé croissant qui nous sépare d'elle. Il nous faudrait avoir la vigilance de quelqu'un qui a le pistolet sur la tempe. C'est le seul moyen pour que les humains survivent.

64

Plantez des arbres. Cet acte est une bénédiction ! Les arbres nous survivront et fourniront des fruits et de l'ombre aux générations futures. Chacun d'entre nous devrait faire le vœu de planter au moins un arbre par mois. En une année, chaque personne aurait ainsi planté douze arbres. Ensemble, nous pouvons restaurer la beauté de la Nature sur la surface de la terre.

65

Nous détruisons les forêts et bâtissons à la place des centres résidentiels. Nombre d'oiseaux construisent leur nid dans ces lieux. Si nous examinons ces nids de près, nous verrons qu'ils ont été fabriqués avec des fils de fer et des morceaux de plastique. Ceci s'explique par la diminution du nombre d'arbres. Dans le futur, peut-être n'y aura-t-il plus d'arbres du tout. Les oiseaux apprennent à s'adapter à leur nouvel environnement.

66

Chaque famille devrait faire pousser des arbres et des plantes dans son jardin. Planter un arbre, c'est rendre un service désintéressé à la société. Tout comme nous profitons des arbres que nos ancêtres ont plantés dans le passé, plantons pour les générations à venir. Si nous n'avons accompli aucun acte désintéressé, plantons un arbre ou un arbuste : Il s'agit-là d'une action réellement désintéressée qui sera bénéfique tant aux autres qu'à nous-mêmes.

67

Mes enfants, pas une miette de ce que nous mangeons n'est purement le fruit de notre propre effort. Ce qui nous parvient sous la forme de nourriture, c'est le travail d'autrui, la générosité de la Nature et la compassion de Dieu. Nous aurons beau posséder des millions de dollars, il nous faudra encore de la nourriture pour apaiser notre faim. L'argent se mange-t-il ? Donc, ne mangez jamais sans avoir auparavant prié avec gratitude et humilité.

68

Mes enfants, la Nature se présente à nous comme un modèle de renoncement. Les montagnes, les rivières et les arbres : il n'est pas un seul objet dans la Nature qui n'enseigne l'abnégation. Regardez l'arbre, il donne des fruits, de l'ombre et de la fraîcheur. Alors même qu'on est en train de le couper, il continue à offrir de l'ombre à celui qui l'abat. De même, chaque être et chaque organisme dans la Nature nous offre à sa manière un exemple de renoncement.

69

Ne prenons de la Nature que ce dont nous avons réellement besoin et essayons de lui donner ce que nous pouvons en retour. Imaginons que deux pommes de terre soient suffisantes pour cuisiner un plat. C'est manquer de discernement que d'en prendre une troisième. Lorsque nous prenons de Mère Nature plus que notre part, nous privons les autres de la leur. Peut-être que notre voisin, qui n'a pas assez à manger, aurait pu faire un repas ce jour-là. Par conséquent, lorsque nous exploitons la Nature, ce sont aussi les autres que nous exploitons.

70

Lorsque la compassion s'éveille en nous, nous avons le désir sincère d'aider et de protéger tous les êtres. Dans cet état, nous ne pouvons pas cueillir une seule feuille sans motif valable. Cueillir dix feuilles alors que nous n'avons besoin que de cinq est un acte adharmique. Ne cueillons la fleur qu'au dernier jour de son existence, juste avant qu'elle ne tombe de la tige et considérons qu'il serait très préjudiciable à la plante de cueillir, par avidité, l'une de ses fleurs tout juste éclose.

71

Le courant d'amour sans fin qui s'écoule d'un vrai dévot envers la création toute entière a un effet apaisant et bienfaisant sur la Nature. Notre amour pour elle est la meilleure protection qui soit.

Le besoin de notre époque est de développer une société d'individus au cœur bon. En tant que chercheurs spirituels, efforçons-nous de mener une vie de sacrifice, pure et droite. Un être spirituel devrait être comme un arbre qui offre de l'ombre même à la personne qui le coupe. Un être spirituel devrait être comme le vent, qui souffle sans distinction sur les excréments comme sur la fleur.

73

Vous ne serez pas admis au royaume de Dieu sans la signature de la plus petite fourmi sur votre formulaire d'entrée. La première condition à la libération, outre le souvenir constant de l'Être suprême, c'est d'aimer tous les êtres, animés comme inanimés. Lorsque vous atteignez cette ouverture de cœur, la liberté n'est plus très loin.

74

Quiconque, homme ou femme, a le courage de surmonter les limites du mental, accède à ce sentiment maternel universel. C'est un amour et une compassion que l'on n'éprouve pas seulement envers ses propres enfants, mais envers tous les humains, les animaux, les plantes, les rochers et les rivières : un amour qui s'étend à toute la Nature, à tous les êtres. Celui ou celle chez qui le véritable sentiment maternel s'est éveillé perçoit toutes les créatures comme ses enfants. L'éveil de cet amour, ce sentiment maternel, c'est l'amour divin. C'est Dieu.

75

Aujourd'hui, nous avons conscience qu'il faut protéger notre Mère la Terre, et cela est bien sûr essentiel. Mais nous devrions porter une attention égale à la pollution de notre environnement intérieur. Nos pensées et nos actions négatives polluent l'atmosphère et la conscience de l'humanité. C'est uniquement par l'amour et la compassion que nous pourrons préserver et protéger la Nature.

76

A cause de la disparition des valeurs et d'un mode de vie juste, la Nature a commencé à réagir. Comme les arbres sont moins nombreux, les pluies aussi ont diminué. Et lorsqu'il pleut, ce n'est plus au bon moment. Aujourd'hui, il en va de même pour l'ensoleillement : c'est généralement trop ou trop peu. Voilà quelques-unes des conséquences de nos attitudes et de nos actions erronées.

77

Les pensées et les actions négatives contaminent l'atmosphère et la conscience de l'humanité. Si nous ne changeons pas de comportement, nous pavons la voie à notre propre destruction. Il ne s'agit pas d'une punition mais d'une blessure que nous nous infligeons à nous-mêmes. Nous ne faisons pas bon usage des dons que Dieu a mis à notre disposition pour penser avec discernement et agir avec sagesse.

78

La vie trouve son accomplissement lorsque l'humanité et la Nature avancent ensemble, main dans la main, en harmonie. Lorsque la mélodie et le rythme s'accordent, la musique est belle et agréable à l'oreille. De même, lorsque les êtres humains vivent en accord avec les lois de la Nature, la vie devient un chant mélodieux.

79

Mes enfants, l'une de nos grandes priorités doit être la protection de la Nature. Mettons fin à la destruction de l'environnement entreprise à des fins financières et pour satisfaire nos besoins égoïstes et immédiats. Nous n'avons aucun droit de détruire. Nous n'avons pas le pouvoir de créer, donc nous ne devrions pas détruire. Dieu seul peut créer, maintenir la vie et la détruire. Ces trois actes ne sont pas à notre portée.

80

Dieu ne réside pas seulement dans les êtres humains mais aussi dans les animaux, et dans toutes les formes de vie : les montagnes, les rivières, les vallées et les arbres ; dans les oiseaux, les nuages, les étoiles, le soleil et la lune, partout. Dieu réside dans « *sarva chara achara* », dans toutes les créatures, animées ou inanimées. Comment une personne qui comprend cela peut-elle tuer et détruire ?

Les chercheurs de vérité et les dévots sincères ne peuvent pas nuire à la Nature car pour eux, la Nature est Dieu. Ils ne la perçoivent pas comme une entité séparée. Ce sont eux, les vrais amoureux de la Nature. Lorsqu'il n'y a plus de mental, plus d'ego, vous ne faites qu'un avec l'existence toute entière. Mes enfants, lorsque vous ne faites qu'un avec la création, lorsque votre cœur n'est rempli que d'amour, toute la Nature est votre amie et vous sert. L'univers- et tous les êtres qui l'habitent- est votre ami.

82

Si l'on observe Mère Nature et sa manière de donner avec abnégation, on prend conscience de ses propres limites. Cela fait naître en nous la dévotion et nous aide à nous abandonner à l'Être suprême. La Nature nous rapproche de Dieu et nous enseigne comment vénérer réellement le Divin.

83

C'est uniquement par l'amour et la compassion que nous parviendrons à préserver et à protéger la Nature. Mais ces deux qualités sont en voie d'extinction chez les êtres humains. Pour être capable d'éprouver un amour réel et de la compassion, il est nécessaire de prendre conscience de l'unité de la force vitale qui soutient l'univers entier et qui en est le substrat.

84

La jeunesse d'aujourd'hui est le pilier du monde de demain. Les jeunes ont la capacité d'apporter de grands changements à ce monde. Ceux qui sont dévoués à cet idéal peuvent inspirer les autres en se rassemblant pour créer des initiatives afin de protéger notre Mère, la Nature. Il nous appartient d'orienter leur énergie vers une bonne cause.

85

Il est impossible que la situation sur terre s'améliore sans que la conscience des individus évolue. Nous pouvons décider d'accroître notre vigilance en disciplinant notre esprit par la prière, la méditation et les pensées positives. Nous pouvons nous engager à suivre une éthique mondiale de compréhension mutuelle et à choisir des modes de vie écologiques, bénéfiques pour la société, et favorisant la paix. En prenant des risques et étant prêts à faire des sacrifices, nous avons le pouvoir de transformer radicalement la situation.

86

La méditation, la prière, la récitation de mantras et autres pratiques spirituelles sont notre salut. La révérence et la dévotion que les êtres humains développent dans leur foi religieuse bénéficient à l'humanité comme à la Nature. Réciter son mantra et prier avec concentration produit sans aucun doute un changement positif dans la Nature et contribue à rétablir l'harmonie.

Nous avons parfois du mal à croire qu'il est en notre pouvoir de restaurer l'équilibre perdu de la Nature. Peut être nous disons-nous : « Ne sommes-nous pas trop limités, nous, les êtres humains ? » Non, nous ne le sommes pas ! Nous possédons une puissance intérieure infinie mais nous sommes profondément endormis et inconscients de notre propre force. Quand nous nous éveillerons intérieurement, cette puissance se manifestera.

88

Celui qui ne fait qu'un avec la Conscience suprême a également réalisé son unité avec la création toute entière. Une telle personne n'est plus limitée à un corps mais est devenue la Force de Vie même qui brille en tout et à travers tout. Il ou elle est devenu(e) la Conscience qui confère beauté et vitalité à toute chose.

89

Les *mahatmas* (âmes réalisées) peuvent s'exprimer à travers le soleil, la lune, l'océan, les montagnes, les arbres et les animaux, à travers l'univers tout entier. Celui qui n'a pas d'ego est Tout. L'univers entier est un avec un être éveillé.

90

Bien plus que la connaissance issue de la science moderne, c'est la compréhension plus profonde de la religion - la vérité de l'unité de toute la création- qui enseigne aux gens à aimer la Nature et à développer de la révérence et de la dévotion envers tous les êtres. Peut-être pensez-vous qu'il est moins grave de détruire une plante ou un arbre que de tuer un être humain. C'est une erreur.

91

Les plantes et les arbres ont eux aussi des émotions et ressentent de la peur. Lorsque quelqu'un s'approche d'une plante ou d'un arbre avec une hache ou un sécateur, la plante a peur, elle tremble de peur. Il faut une oreille subtile pour entendre ses cris, un œil subtil pour voir sa détresse, et un esprit subtil pour sentir sa peur. Vous ne voyez pas sa souffrance mais vous pouvez la sentir avec un cœur plein de compassion. Pour voir la souffrance d'une plante, il faut que l'œil de l'esprit soit ouvert. Malheureusement, on ne peut rien voir de subtil avec les yeux externes. C'est pourquoi on détruit une plante ou un arbre sans défense.

Lorsque les êtres humains réjouissent la Nature en cultivant de bonnes pensées et en accomplissant de bonnes actions, celle-ci nous bénit en retour et nous accorde des récoltes généreuses et abondantes. Une des fêtes traditionnelles du Kerala s'appelle « pongal », ce qui signifie «déborder.» A cette période, l'amour de l'homme pour la Nature et celui de la Nature pour l'homme inondent tout ; alors l'esprit universel et l'esprit individuel débordent pour ne plus faire qu'un.

93

Lorsque vous vous prosternez devant toute l'existence dans une parfaite humilité, l'univers se prosterne devant vous et vous sert.

94

On dit que la durée de vie d'un papillon s'étend de quelques jours à une semaine. Et pourtant, regardez comme il vole joyeusement de-ci, de-là ! Il apporte à tous bonheur et ravissement. Telle devrait être notre vie.

95

Il y eut une époque où, à cause de son comportement inhabituel, Amma fut abandonnée de tous. En ce temps-là, ce sont les oiseaux et les animaux qui vinrent s'occuper d'elle. Parfois, un aigle volait au-dessus d'elle et laissait tomber un poisson qu'elle mangeait alors tout cru. Un chien lui apportait des sachets de nourriture. Un jour, alors qu'elle sortait de *samadhi* (état de béatitude), une vache s'arrêta juste devant elle, dans une position qui l'invitait clairement à boire directement de ses pis autant qu'elle le souhaitait.

96

Lorsque nous considérons Mère Nature comme l'incarnation de Dieu, nous la servons et la protégeons spontanément. Si nous abordons la Nature avec amour, elle nous servira comme notre ami le plus cher, qui ne nous abandonnera jamais.

97

Mes enfants, regardez la Nature et imaginez la forme de votre divinité d'élection dans les arbres, les montagnes, et autres objets. Parlez à votre déité. Imaginez-La debout dans le ciel et appelez-La. Dites-Lui tout ce que vous avez sur le cœur ; à quoi bon raconter ses malheurs aux autres ?

98

Il est grand temps de penser sérieusement à protéger la Nature. Sa destruction équivaut à celle de l'humanité. Les arbres, les animaux, les oiseaux, les plantes, les forêts, les montagnes, les lacs et les rivières : tout ce qui existe dans la Nature a désespérément besoin de notre bienveillance, de nos soins compatissants et de notre protection. Si nous les protégeons, à leur tour, ils nous protégeront.

99

La concentration des personnes spirituelles est bénéfique pour la Nature. La prière et la concentration dans un but spirituel sont des moyens puissants de purifier l'atmosphère. Inversement, lorsque nous prions, récitons des mantras et méditons au milieu de la Nature, que ce soit à voix haute ou en silence, nous en retirons force spirituelle, espoir et confiance.

100

Le moindre de nos efforts en matière de conservation de l'environnement est précieux car il contribue à maintenir la vie. C'est en réalité plus précieux que n'importe quelle richesse matérielle. Dans nos écoles, nous pouvons inculquer aux enfants un intérêt pour la protection de la Nature, tout comme nous avons éveillé en eux le désir de gagner de l'argent.

101

Mère Nature est agitée : ayant subi les conséquences de toutes les mauvaises actions des hommes, elle a commencé à retirer ses bénédictions. C'est le devoir urgent de tout être humain de la satisfaire par des actions désintéressées, accomplies avec foi, amour mutuel et sincérité. C'est alors seulement qu'elle bénira à nouveau l'humanité de son flot de ressources infinies.

102

Imaginez que vous ayez dix graines. Consommez-en neuf si vous voulez, mais gardez au moins une graine à semer. Rien ne devrait être détruit entièrement. Si vous recevez cent euros d'une récolte, donnez-en au moins dix pour une cause charitable.

103

Comme la terre tourne autour du soleil en un cycle régulier, la Nature toute entière se meut de manière cyclique. Les saisons alternent de façon circulaire : printemps, été, automne, hiver, puis printemps à nouveau. La graine engendre l'arbre et l'arbre produit les graines. Il en est de même pour la naissance, l'enfance, la jeunesse, la vieillesse, la mort et à nouveau la naissance. C'est un cycle continu. La courbe du temps est circulaire et non en ligne droite. Tout être vivant doit inévitablement faire l'expérience du karma et de ses conséquences jusqu'à ce que le mental soit silencieux et que l'on demeure pleinement satisfait dans son propre Soi.

104

Regardez comme les jeunes roses sont belles. Quel parfum délicieux émane d'elles ! Qu'apportons-nous pour les faire pousser ? Quelques feuilles de thé usagées et de la bouse de vache ! Quel contraste entre ces belles fleurs et le compost qui leur est donné. De même, l'adversité est l'engrais qui nous rend plus fort spirituellement. Ces obstacles permettent à notre cœur de s'épanouir pleinement.

105

Souvenez-vous toujours que le crépuscule porte déjà l'aube en son sein.

106

Rappelons-nous que tout a une sensibilité : tout est rempli de conscience et de
vie. Tout existe en Dieu. La matière pure
n'existe pas ; seule la conscience existe. Si
nous gardons cette attitude devant toutes
les situations, il nous sera impossible de
détruire ; l'idée même de destruction dis-
paraît. Tout existe en Dieu.

107

Mes enfants, l'Amour divin est notre véritable Nature. L'amour brille en chacun de nous. Sans le soutien de cette force d'amour, rien ne peut exister.

108

O Esprit divin, me vois-Tu ? Que Tes mains étincelantes répandent sur moi Ta Grâce en me donnant la force de me souvenir de Toi constamment et le chagrin qui me fera T'appeler sans cesse. Tu es mon unique refuge, mon seul soutien. Que Ton Monde divin est beau et rempli de béatitude! Emmène-moi là-haut, dans Ton monde où brillent des millions d'étoiles !